Ayron V. Pinheiro de Assunção

Grüne und soziale Rechnungslegung in der Nachhaltigkeitspolitik

Ayron V. Pinheiro de Assunção

Grüne und soziale Rechnungslegung in der Nachhaltigkeitspolitik

Indikatoren der grünen und sozialen Buchführung

ScienciaScripts

This book is a translation from the original published under ISBN 978-613-9-74000-0.

Publisher:
Sciencia Scripts
is a trademark of
Dodo Books Indian Ocean Ltd. and OmniScriptum S.R.L publishing group

120 High Road, East Finchley, London, N2 9ED, United Kingdom
Str. Armeneasca 28/1, office 1, Chisinau MD-2012, Republic of Moldova, Europe
Printed at: see last page
ISBN: 978-620-6-23937-6

ZUSAMMENFASSUNG

KAPITEL 1

1. Allgemeine Zusammenfassung

Im Zuge der Globalisierung sind politische Maßnahmen, die auf Entwicklung oder Nachhaltigkeit abzielen, in den letzten Jahrzehnten zu einer Forderung für viele geworden. Es gab eine Reihe von Ereignissen, die wichtige Maßnahmen auf die politische Bühne zurückbrachten. Um die Auswirkungen auf die verschiedenen Variablen im Zusammenhang mit dem Wachstum und der Entwicklung der Gesellschaft zu messen, sind Indikatoren wie der Index für menschliche Entwicklung (HDI) und der Index für ökologische Nachhaltigkeit (ESI) entstanden, ein Thema, das in der Forschungslinie Gesellschaft, Umwelt und nachhaltige regionale Entwicklung behandelt wird. Das allgemeine Ziel dieser Arbeit war es, das Niveau der nachhaltigen Entwicklung von 79 Gemeinden im Bundesstaat Mato Grosso do Sul zu ermitteln und dabei Variablen zu berücksichtigen, die ökologische, wirtschaftliche und soziale Fragen zusammenfassen. Um dieses Ziel zu erreichen, bestand das methodische Verfahren aus einer sekundären Datenerhebung im Jahr 2016 in mehreren öffentlichen Einrichtungen, einschließlich IBGE, SICEA, die ein Referenzinstrument für das ökologisch nachhaltige Wirtschaftswachstumssystem ist. Die Methodik bestand darin, durch die ökologische Sozialbilanz mittels ausgewählter Indikatoren die Auswirkungen und die Leistung der Umweltqualität zu schätzen, die auf die wirtschaftlichen, sozialen und ökologischen Informationen jeder Gemeinde des MS angewandt werden. Mit dieser Messung werden wir das Niveau der Nachhaltigkeit jeder Gemeinde bewerten. Als allgemeines Ergebnis ist es möglich, die Städte mit den besten Leistungen in jeder Dimension zu identifizieren und zu hierarchisieren. In ähnlicher Weise wurde auch der SDI im Staat MS analysiert, mit einer Rangliste der 10 Gemeinden, die den besten und den schlechtesten Index für nachhaltige Entwicklung aufweisen. **Schlüsselwörter**: Nachhaltigkeitsindikatoren, ökologische Sozialbilanzierung, Wachstum und Entwicklung, Mato Grosso do Sul.

KAPITEL 2

2. Allgemeine Zusammenfassung

Indikatoren der grünen und sozialen Rechnungslegung in der Nachhaltigkeitspolitik im Bundesstaat Mato Grosso do Sul, Brasilien. Im Zuge der Globalisierung ist die Politik zur Erreichung von Entwicklung oder Nachhaltigkeit in den letzten Jahrzehnten zu einer Forderung für viele geworden. Es hat eine Reihe von Ereignissen stattgefunden, die das wichtige politische Szenario neu bewertet haben. Um die Auswirkungen auf die verschiedenen Variablen im Zusammenhang mit dem Wachstum und der Entwicklung der Gesellschaft zu messen, sind Indikatoren wie der Index für menschliche Entwicklung (HDI) und der Index für ökologische Nachhaltigkeit (ISA) entstanden, ein Themenbereich, der in die Forschungslinie Gesellschaft, Umwelt und nachhaltige regionale Entwicklung fällt. Das allgemeine Ziel dieser Arbeit war es, das Niveau der nachhaltigen Entwicklung von 79 Gemeinden im Bundesstaat Mato Grosso do Sul unter Berücksichtigung der ökologischen, wirtschaftlichen und sozialen Variablen zu ermitteln. Um dieses Ziel zu erreichen, bestand das methodische Verfahren in einer Sammlung von Sekundärdaten im Jahr 2016 in mehreren öffentlichen Einrichtungen, darunter IBGE, SICEA, die ein Referenzinstrument für das System des ökologisch nachhaltigen Wirtschaftswachstums ist.

Die Methodik bestand aus der Verwendung ausgewählter Umweltindikatoren, den Auswirkungen und der Leistung der Umweltqualität sowie den wirtschaftlichen, sozialen und ökologischen Informationen jeder Gemeinde der Mitgliedstaaten. Mit dieser Messung wird der Grad der Nachhaltigkeit jeder Gemeinde bewertet. Als allgemeines Ergebnis kann man die Städte mit der besten Leistung in jeder Dimension identifizieren und in eine Rangfolge bringen. In ähnlicher Weise wurde auch die IDS in den MS analysiert, wobei die 10 Gemeinden mit dem besten und dem schlechtesten Index für nachhaltige Entwicklung ermittelt wurden.

Stichworte: Wachstum und Entwicklung, Nachhaltigkeitsindikatoren, Ökologische Sozialbilanzierung, Mato Grosso do Sul.

KAPITEL 3

3. Allgemeine Einführung

Das Aufkommen der Nachhaltigkeit bringt aufgrund der zunehmenden Schwere der Umweltprobleme und des wachsenden Bewusstseins für die Auswirkungen dieser Probleme vielfältige Wechselwirkungen zwischen allen Bereichen der Wirtschaft und der Umwelt mit sich.

Während die konventionellen volkswirtschaftlichen Gesamtrechnungen auf einer grundlegenden Analyse des Wirtschaftswachstums beruhen, spiegeln sie nur das Niveau der Wirtschaftstätigkeit wider und lassen Fragen im Zusammenhang mit der Nutzung von Umweltgütern, die während des Prozesses der Umwandlung von Waren und Dienstleistungen aus diesen Tätigkeiten gehandelt werden, außer Acht. Das System der umweltökonomischen Gesamtrechnung (SEEA) enthält international vereinbarte Standardkonzepte, Definitionen, Klassifikationen, Buchungsregeln und Tabellen zur Erstellung international vergleichbarer Statistiken über die Umwelt und ihre Beziehung zur Wirtschaft. Die Struktur des SAICS folgt einem Rechnungslegungsrahmen, der dem des Systems der Volkswirtschaftlichen Gesamtrechnung (SNA) ähnlich ist, und verwendet Konzepte, Definitionen und Klassifikationen, die mit dem SNA kompatibel sind, um die Integration von Umwelt- und Wirtschaftsstatistiken zu erleichtern.

Die Umweltgesamtrechnung bezieht sich auf Änderungen des Systems der Volkswirtschaftlichen Gesamtrechnung, um die Nutzung oder Erschöpfung natürlicher Ressourcen einzubeziehen (IUCN, 1998). Es gibt erhebliche Unterschiede zwischen den Anwendungen der Umweltgesamtrechnung im öffentlichen und im privaten Sektor. Im öffentlichen Bereich besteht das Hauptinteresse in der Änderung des Systems der Volkswirtschaftlichen Gesamtrechnungen (VGR), der Internalisierung von Umweltaktiva und -passiva in den Bilanzen und anderen Aufstellungen sowie in der Verwendung der auf diese Weise zur Verfügung gestellten Daten zum Zwecke der externen Kontrolle oder der Kontrolle durch die Gerichtsbarkeit. Im privaten Sektor wurde diese Methode nach und nach von transnationalen Unternehmen eingeführt, die vor allem daran interessiert sind, ihren Aktionären, Verbrauchern und Interessengruppen, die in ihren Herkunftsländern sehr aktiv sind, ein zufriedenstellendes Bild zu vermitteln.

In diesem neuen Kontext sind prospektive Analysen zur Vorwegnahme der Auswirkungen und zur Ermittlung von Strategien für die brasilianische Entwicklung von grundlegender Bedeutung für sektorale und regionale prospektive Studien, die zur Verbesserung der öffentlichen Politik beitragen, indem sie Subventionen für strategische Programme bereitstellen, die Fragen der ökologischen Nachhaltigkeit berücksichtigen.

Im Rahmen dieses Ansatzes ist die Möglichkeit der Konstruktion von Indikatoren zur Berücksichtigung von Themen wie der grünen volkswirtschaftlichen Gesamtrechnung und von Nachhaltigkeitsindikatoren von grundlegender Bedeutung, um die Auswirkungen der Wirtschaftstätigkeit auf die Umwelt und auf die Gesellschaft insgesamt im Bundesstaat Mato Grossso do Sul zu messen.

So bieten die erstellten Diagnosen den Entscheidungsgremien sektorale prospektive Studien, die die Verbesserung der öffentlichen Politiken und strategischen Programme unterstützen, die Beratung und Zusammenarbeit des SCN mit anderen relevanten Regierungsstellen erweitern und die Bewertung und Formulierung der öffentlichen Politiken und Regierungsprogramme beeinflussen.

Das allgemeine Ziel dieser Arbeit besteht darin, das Niveau der nachhaltigen Entwicklung der 79 ausgewählten Gemeinden der MS auf der Grundlage der Parameter der grünen Buchführung zu bestimmen und zu analysieren, wobei die Indikatoren der Sozialbilanz und der ausgewählten Umweltbilanz des Jahres 2016 verwendet werden. Die spezifischen Ziele sind die Hierarchisierung der ausgewählten Gemeinden und die Anwendung integrierter wirtschaftlicher Rechnungssysteme auf die sektorale und regionale nachhaltige Entwicklung des Staates.

KAPITEL 4

4. Literaturübersicht

4.1 Grüne und soziale Buchführung

Um die Auswirkungen externer Effekte abzuschwächen und gerechte Umweltmaßnahmen zu fördern, gründeten die Vereinten Nationen (UN) in den 1970er Jahren das Umweltprogramm der Vereinten Nationen (UNEP) und veranstalteten 1972 die Konferenz der Vereinten Nationen über die Umwelt des Menschen, um die Einbeziehung der Umwelt in Studien und Diskussionen über den Kern der nachhaltigen Entwicklung zu fördern.

Das Konzept der nachhaltigen Entwicklung wird von der Weltkommission für Umwelt und Entwicklung (World Commission on Environment and Development, WCED) im Brundland-Bericht von 1987 wie folgt definiert: "Nachhaltige Entwicklung ist eine Entwicklung, die den Bedürfnissen heutiger Generationen entspricht, ohne die Fähigkeit künftiger Generationen zu gefährden, ihre Bedürfnisse und Wünsche zu erfüllen" (WCED, 1987).

Auf der Suche nach einem Gleichgewicht, das die harmonische Entwicklung der menschlichen Spezies und der Umwelt für die jetzige und künftige Generationen sicherstellt, d. h. die Nachhaltigkeit garantiert, ist es notwendig, die Beziehung zwischen Mensch und Umwelt zu verstehen und zu wissen, wie sich diese Beziehung über einen bestimmten Zeitraum entwickelt.

So berichten DEMETRIO *et al.* (2009), dass das Entwicklungsmodell der Städte auf der ganzen Welt physisch mit der Nutzung von Energie und Ressourcen aus der Natur verbunden ist. Die Erhaltung des natürlichen Kapitals (der Umwelt) ist wichtig für die Aufrechterhaltung eines nachhaltigen Wachstums und bessere Lebensbedingungen für den Menschen, was die Notwendigkeit eines mit der Umwelt verbundenen Wirtschaftssystems verdeutlicht, in dem die Wirtschafts- und Umweltsysteme an einem größeren und nicht individuellen Austauschprozess teilnehmen.

Herkömmliche Systeme der volkswirtschaftlichen Gesamtrechnung sind jedoch nicht in der Lage, die Nutzung und die Ressourcen von gehandelten Naturgütern oder gar die Verschlechterung des Naturkapitals zu messen (UN, 2014).

So berücksichtigt das produktive Wirtschaftssystem während des Produktionsprozesses einer bestimmten Ware oder Dienstleistung nicht die Kosten der externen Effekte, die im Produktionsprozess mit herkömmlichen Methoden entstehen.

Wie bereits COASE (1960) feststellte, enthalten die kommerziellen Werte von Waren und Dienstleistungen nicht die Kosten der externen Effekte, die Produktions- und Konsumprozesse für die Gesellschaft als Ganzes haben können.

Für DUCHIN (2009) sind Brennstoffe, verschiedene Mineralien, Land, Wasser und andere Umweltbestandteile von entscheidender Bedeutung für die Erhaltung des Lebens, sowohl direkt als auch indirekt durch ihre jeweilige Rolle bei der Produktion von Waren und Dienstleistungen.

Das Verständnis dieses Flusses von Inputs, wie z. B. Energie und Wasser, und Outputs, wie z. B. das soziale Wohlergehen selbst, ist von entscheidender Bedeutung, wenn sich die Länder nachhaltig entwickeln, ihre Ressourcen optimal einsetzen und die Umwelt erhalten wollen.

Ergänzend stellt MIRANDA (1980) fest, dass Umweltprobleme in der Regel durch wirtschaftliche Aktivitäten verursacht werden und dennoch kaum in einem einheitlichen analytischen Rahmen behandelt werden.

Für die Messung der externen Effekte des regionalen Produktionssystems im Hinblick auf die Umwelt und eine einheitliche Analysegrundlage wird die von LEONTIEF (1946) entwickelte Theorie der Input-Output-Matrix herangezogen, mit der untersucht werden soll, wie die Wirtschaftssektoren einer bestimmten Volkswirtschaft mit der Umwelt in Beziehung stehen und verbunden sind.

Ausgehend von dieser Methodik wurden auf der Grundlage der Input-Output-Matrix-Technik mehrere Anwendungen zur Behandlung von Umweltproblemen entwickelt, z. B. die Arbeiten von ISARD (1972), LEONTIEF (1970), MILLER und BLAIR (2009).

In Brasilien stammen einige der Versuche, das Umweltrechnungswesen zu systematisieren, von MOTTA (1995) und YOUNG et al. (2000). MOTTA (1995) bietet eine klare und vollständige Darstellung des Themas der Umweltgesamtrechnung, die eine detaillierte Dimension der theoretischen und methodischen Aspekte enthält.

MOTTA (1995) stellt fest, dass Umweltsatellitenkonten die analytische Kapazität der Volkswirtschaftlichen Gesamtrechnungen erweitern, indem sie ein physisches Gegenstück zur Wirtschaftstätigkeit bieten. Die Bilanzierung von Umweltverlusten stellt somit eine Messung der negativen Kosten wirtschaftlicher Aktivitäten für die Umwelt dar. Darüber hinaus wird die von der Umwelt erbrachte Leistung gemessen, die dem Produkt als Umweltoutput hinzugefügt wird.

YOUNG et al. (2000) gehen noch weiter und stellen fest, dass die alleinige Verwendung der konventionellen Buchführung der Volkswirtschaftlichen Gesamtrechnungen eine Schwächung darstellt, wenn die Nachhaltigkeit wirtschaftlicher Aktivitäten, die auf der Ausbeutung natürlicher Ressourcen beruht, nicht berücksichtigt wird.

Für Young et al. (2000) beinhaltet Nachhaltigkeit, verstanden als die Fähigkeit, Ressourcen jetzt zu nutzen, ohne das künftige Aktivitätsniveau zu gefährden, eine viel umfassendere Zeitperspektive, als die Volkswirtschaftlichen Gesamtrechnungen in der Lage sind zu bewältigen. Sie stellen auch fest, dass die Einführung dieser neuen Dimension in die Berechnung des Outputs zu Korrekturen bei der Behandlung der natürlichen Ressourcen in der Volkswirtschaftlichen Gesamtrechnung führt.

4.2 Experimentelle Methode der Ökosystemrechnung

Dieses Modell wurde vom *System of Environmental Economic Accounting* (SEEA) entwickelt und basiert auf dem Rahmen der Ökosystemrechnung, die eine andere Perspektive der Rechnungslegung einnimmt: Die Ökosystemrechnung verfolgt einen räumlichen Ansatz, bei dem die Vermögenswerte in räumliche Bereiche unterteilt werden, die eine Kombination aus biotischen und abiotischen Komponenten und anderen zusammenwirkenden Merkmalen enthalten. In gewissem Sinne wurden Umweltfragen in den 1960er Jahren in die Wirtschaftswissenschaften aufgenommen, und zwar als Kritik an der Überbetonung des Ziels des Wachstums um jeden Preis und an den Grenzen der konventionellen Wirtschaftswissenschaften bei der Lösung der Probleme, die sich dem Markt entziehen. Dieser kritische Ton wird durch die von MARTINEZ ALLIER (1999) dargelegten Postulate der Ökologischen Ökonomie deutlich unterstrichen:

> "Die ökologische Ökonomie übt Kritik an der konventionellen Ökonomie und stellt Instrumente zur Verfügung, um die Auswirkungen des Menschen auf die Umwelt zu erklären und zu beurteilen; die ökologische Ökonomie berücksichtigt Fragen zwischen den Generationen, aber auch Verteilungskonflikte innerhalb der heutigen Generation. Ökologische Ökonomie ist also die Lehre von der Humanökologie, an der notwendigerweise verschiedene Disziplinen beteiligt sind (MARTINEZ ALLIER, 1999)."

Ökosystemwerte liefern Ökosystemleistungen, d. h. die Beiträge und Vorteile von Ökosystemen für wirtschaftliche und andere menschliche Aktivitäten. Die experimentelle Ökosystemrechnung des SEEA verfügt über ein Kontensystem, das eine kohärente und umfassende Sicht auf die Ökosysteme bietet:

Ökosystemausdehnungskonto: Dieses Konto dient als gemeinsamer Ausgangspunkt für die Ökosystemrechnung. Es organisiert Informationen über die Ausdehnung der verschiedenen Arten von Ökosystemen innerhalb eines Landes in Bezug auf die Fläche.

Ökosystem-Zustandskonto: Dieses Konto misst die Gesamtqualität eines Ökosystemvermögens und misst Schlüsselindikatoren, den Zustand oder die Funktionsweise des Ökosystems in Bezug auf seine Natürlichkeit und sein Potenzial, Ökosystemleistungen zu erbringen.

Geldvermögenskonto: Auf diesem Konto wird der Geldwert der Anfangs- und Endbestände aller Ökosystemgüter innerhalb eines Ökosystembuchungskreises verbucht, die diesen Beständen hinzugefügt oder entnommen werden.

Thematische Konten: Diese Konten, die Konten für Land, Wasser, Kohlenstoff und biologische Vielfalt umfassen, sind eigenständige Konten zu eigenständigen Themen und sind auch von unmittelbarer Bedeutung für die Messung von Ökosystemen und die Bewertung politischer Maßnahmen.

Abbildung 1 zeigt schematisch, wie diese Methode zustande kommt.

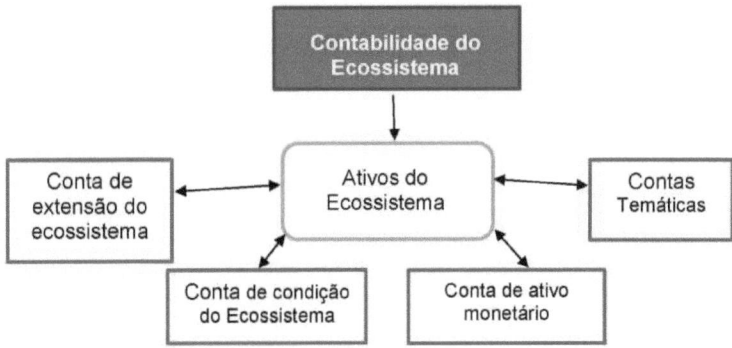

Abbildung 1 - Modell der Ökosystemrechnung.

Das Ziel dieses Rechnungsmodells ist die Synthese von Messungen und Konzepten aus verschiedenen Disziplinen. Es soll dazu dienen, die Arbeit der Ökobilanzierung zu fördern und zu unterstützen, indem es den Austausch verwandter Erfahrungen für die Prüfung ihrer Variablen erleichtert.

Dies spiegelt die Tatsache wider, dass die Ökosystemrechnung ein relativ neues und aufstrebendes Messgebiet ist und als experimentell gilt. Diese Buchführungsmethode baut jedoch auf den Erkenntnissen etablierter Disziplinen wie der amtlichen Statistik, der Indikatoren und der Umweltgesamtrechnung auf.

4.3 Nachhaltigkeit und Umweltmanagement

Gegenwärtig wächst das Bewusstsein für Umweltaspekte und den Begriff der nachhaltigen Entwicklung, da dieses Konzept nicht nur in politischen Reden verwendet wird, sondern nach und nach in die öffentliche Politik sowohl im wirtschaftlichen als auch im sozialen Bereich Eingang gefunden hat. "So wird das Thema Nachhaltigkeit durch die Umweltplanung und das Umweltmanagement institutionalisiert, die darauf abzielen, das Verhältnis zwischen Angebot und Nachfrage von Umwelt- und/oder Naturgütern in Einklang zu bringen und zu harmonisieren" (LAURA, 2004).

Für DONAIRE (1995) tendieren Organisationen dazu, durch ihr Engagement für die Umwelt wirtschaftliche und strategische Vorteile zu erzielen, wie in Tabelle 1 dargestellt.

Tabelle 1. Wirtschaftliche und strategische Vorteile der Einführung von Umweltmanagement

Wirtschaftlicher Nutzen	Strategische Vorteile
Kosteneinsparungen	- Verbesserung des institutionellen Images
- Einsparungen durch geringeren Verbrauch von Wasser, Energie und	- Erneuerung des Produktportfolios

9

anteren Betriebsmitteln	- Höhere Produktivität
- Einsparungen durch Recycling, Verkauf und Verwertung von Abfällen und Reduzierung von Abwässern	- Hohes Engagement der Mitarbeiter
	- Verbesserung der Arbeitsbeziehungen
- Verringerung der Bußgelder und Strafen für Umweltverschmutzung	- Verbesserung und Kreativität für neue Herausforderungen
	- Verbesserte Beziehungen zu Regierungsbehörden, Gemeinden und
Höhere Einnahmen	Umweltgruppen
- Erhöhter Deckungsbeitrag von "grünen Produkten", die zu höheren Preisen verkauft werden können	- Gesicherter Zugang zum externen Markt
- Höherer Marktanteil aufgrund von Produktinnovationen und weniger Wettbewerb	- Bessere Einhaltung von Umweltstandards
- Neue Produktlinien für neue Märkte	
- Steigende Nachfrage nach Produkten, die zur Verringerung der Umweltbelastung beitragen	

Quelle: DONAIRE (1995).

VALLE (1995) weist darauf hin, dass neben der moralischen Überzeugung, die die Gesellschaft den Organisationen auferlegt, um die Umweltkontrolle zu fördern, auch einige steuerliche und wirtschaftliche Mechanismen geschaffen wurden, die Organisationen und Einzelpersonen dazu veranlassen können, ihr Verhalten und ihre Einstellung zur Umwelt zu ändern. Dazu gehören unter anderem die Besteuerung oder Verhängung von Geldbußen nach dem Verursacherprinzip und die Gewährung von Vergünstigungen und Steuerbefreiungen zugunsten von Produkten und Tätigkeiten, die als "natürlich" und "sauber" gelten.

In diesem Sinne argumentiert Hans (1994), dass die Berücksichtigung von Umweltanforderungen bedeutet, zu verstehen, wie sehr ökologische Fragen die Wirtschaft betreffen und mit den Gewinnen zusammenarbeiten können. Das bedeutet, dass "grüner sein" zahlreiche Schritte umfasst, von der Herstellung der Produkte bis hin zu den Lieferanten, Kunden, Mitarbeitern, Medien und der Gemeinschaft, in der sie eingesetzt werden, um eine Synergie der Ergebnisse zu erzielen. Zu diesem Zweck schlägt der Autor ein ökologisches Managementsystem vor, das auf den sieben "E's" basiert:

• Effizienz: neue Technologien, die in der Produktion oder Vermarktung eingesetzt werden, um den Zeit- und Rohstoffaufwand zu verringern und den Einsatz nicht erneuerbarer Ressourcen zu minimieren.

• Rahmenbedingungen: die notwendige Anpassung Ihres Unternehmens an die derzeitigen und voraussichtlich neuen rechtlichen, politischen und institutionellen Rahmenbedingungen, die sich aus der staatlichen Gesetzgebung oder aus Anforderungen von Banken, Kreditinstituten und Versicherungen ergeben.

• Wirtschaft: die neue Ebene in den Handelsbeziehungen zwischen Unternehmen und Verbrauchern, zwischen Unternehmen und zwischen Unternehmen und auf internationaler Ebene, wo das ökologische Paradigma mit zunehmender Kraft durchgesetzt wird. Zunehmender Erfolg im wirtschaftlichen Ergebnis.

• Ausbildung: die Notwendigkeit, die Mitarbeiter des Unternehmens ständig über die angewandte Umweltpolitik aufzuklären, um die Beziehungen zwischen Unternehmen, Lieferanten und Öffentlichkeit auf dem neuesten Stand zu halten.

• Engagement: Bildung hat die natürliche Folge, dass Umweltfragen in die Unternehmenskultur integriert werden. Es ist wichtig, der Unternehmensführung den strategischen Wert des Umweltschutzes zu verdeutlichen. Die natürliche Folge ist ein breiteres und offeneres Verhältnis zur Öffentlichkeit.

• Exzellenz: das Streben nach "globaler Qualität", d.h. dass das ökologische Management den gesamten Lebenszyklus eines Produkts umfasst - Produktion, Vertrieb, Vermarktung und Recycling.

• Ethik: Umweltbelange müssen in den Beziehungen zur Gemeinschaft transparent sein und ein zusätzlicher Faktor bei der Wertschätzung des Unternehmens gegenüber Aktionären, Behörden, Mitarbeitern usw. sein.

SANTOS (2010) betont, dass eine der Herausforderungen beim Aufbau einer nachhaltigen Entwicklung darin besteht, Messinstrumente zu schaffen, wie z. B. Entwicklungsindikatoren, die in diesem Fall aus einer oder mehreren Variablen bestehen, die durch verschiedene Formen miteinander verbunden sind und eine umfassendere Bedeutung über die Phänomene, auf die sie sich beziehen, offenbaren.

In Brasilien ist das brasilianische Institut für Geografie und Statistik (IBGE) für die Verwaltung der Daten zu den Indikatoren zuständig. Indikatoren erfüllen Funktionen und berichten über kurz-, mittel- und langfristige Phänomene und dienen dazu, Schwankungen, Verhaltensweisen, Prozesse und Trends zu identifizieren und Bedürfnisse und Prioritäten für die Formulierung, Überwachung und Bewertung von Politiken und Entscheidungen aufzuzeigen.

Die Weltkommission für Umwelt und Entwicklung unterteilt sie in vier Dimensionen: Umwelt, Soziales, Wirtschaft und Institutionen.

• Umweltdimension: Die Umweltdimension der Indikatoren für nachhaltige Entwicklung betrifft die Nutzung der natürlichen Ressourcen und die Umweltzerstörung und steht in Zusammenhang mit dem Ziel, die Umwelt zu erhalten und zu schützen.

• Soziale Dimension: entspricht insbesondere den Zielen im Zusammenhang mit der Erfüllung menschlicher Bedürfnisse, der Verbesserung der Lebensqualität und der sozialen Gerechtigkeit.

• Wirtschaftliche Dimension: Diese Dimension befasst sich mit den Effizienzzielen der Produktionsprozesse und den Veränderungen der Konsumstrukturen, die auf eine langfristige

11

wirtschaftliche und nachhaltige Reproduktion ausgerichtet sind.

• *Institutionelle Dimension:* Diese Dimension umfasst Indikatoren, die einen Überblick über die Investitionen in Wissenschaft und neue Technologien für Prozesse und Produkte sowie über die Rolle der Behörden beim Umweltschutz geben.

Die Entwicklung von Indikatoren ist eine äußerst komplexe Aufgabe, bei der die zentrale Frage darin besteht, das System (die Umweltproblematik) zu verstehen, was die Nachhaltigkeit dieses Systems ist und wie man sie messen kann. Es ist notwendig, diese komplexe Problematik so zu konstruieren, dass der Indikatorensatz den Umfang der Studie erfasst und darstellt (LAURA, 2004).

ENSSLIN *et al.* (2001) schlagen die Anwendung des konstruktivistischen Paradigmas vor, das auf der Idee des Lernens durch Partizipation (zwischen Akteuren und Experten) beruht und objektive und subjektive Aspekte berücksichtigt, wobei die Studie mit dem systemischen und interdisziplinären Ansatz verknüpft wird.

4.4 Parameter für die Untersuchung der Nachhaltigkeit: Komplexität und Herausforderungen

Für Nachhaltigkeitsstudien wurden verschiedene Parameter, Bereiche, Perspektiven, Dimensionen und Indikatoren bewertet, untersucht, erforscht und analysiert.

Zur weiteren Erläuterung: Parameter entsprechen einer Größe, die genau gemessen oder qualitativ/quantitativ bewertet werden kann und die für die Bewertung von ökologischen, wirtschaftlichen, sozialen und institutionellen Systemen als relevant angesehen wird. Indikatoren sind Parameter, die allein oder in Kombination miteinander ausgewählt und betrachtet werden. Sie werden in der Regel mit einer Vorbehandlung verwendet, d. h. es werden Behandlungen an den ursprünglichen Daten vorgenommen, wie z. B. arithmetische Mittelwerte, Median usw. Indizes entsprechen einer höheren Ebene von Aggregationsmethoden, die arithmetisch (linear, geometrisch, Minimum, Maximum, additiv) oder heuristisch sein können und Entscheidungsregeln darstellen (SANTOS, 2010).

Für die Organisation für wirtschaftliche Zusammenarbeit und Entwicklung (OECD) können die Umweltindikatoren durch das Pressure-State-Response-Modell systematisiert werden:

• *Druck:* Schadstoffemissionen, technische Effizienz, Umweltauswirkungen;

• *Zustand:* spiegelt die Qualität der Umwelt über einen bestimmten Raum/Zeithorizont wider;

• *Antwort:* Indikatoren für die soziale Zugehörigkeit und die Aktivitäten einer sozialen Gruppe.

LOUETTE (2007) untersuchte die weltweit am häufigsten verwendeten Nachhaltigkeitsindikatoren und kam zu der folgenden Liste:

• Index der menschlichen Entwicklung, HDI

• Index der menschlichen Armut, HPI

• Geschlechterbereinigter Entwicklungsindex, GDI

• Teilnahmemaßnahme nach Geschlecht, MPG

• Bilanz der Nationen, NZB

• Barometer der Nachhaltigkeit, BS (Nachhaltigkeitsbarometer)

- Dashboard der Nachhaltigkeit, DS (Sustainability Dashboard)
- Ökologischer Fußabdruck (EF)

- Umweltleistungsindex (EPI)
- Index für ökologische Nachhaltigkeit (ESI)

Umwelt)
- Index der Umweltanfälligkeit, EVI (EVI).

Umwelt)
- Echter Fortschrittsindex, GPI
- IBGE-Indikatoren für nachhaltige Entwicklung, IDS
- Happy Planet Index (HPI)
- Index der nachhaltigen wirtschaftlichen Wohlfahrt (ISEW)
- Living Planet Index (LPI)

In Anlehnung an die Arbeit von Louette stellt Santos (2010) fest, dass die Hauptprobleme im Zusammenhang mit Indikatoren wie folgt klassifiziert werden können: 1. geringe Periodizität, kleine Veröffentlichung und wenige analysierte Länder;

2. Grenzen der Methodik;

3. Akzeptanz- und Verbreitungsprobleme, Unsicherheiten und Schwierigkeiten bei der Interpretation;

4. fehlende Finanzierung durch staatliche oder private Einrichtungen

5. Einschränkung des Publikums: Einige sollen die breite Öffentlichkeit sensibilisieren, andere dienen politischen oder wissenschaftlichen Zwecken und können von der breiten Öffentlichkeit nicht verstanden werden.

Eine Zusammenfassung der Forschung ist in **Tabelle 2 zu** sehen.

Tabelle 2. Vergleich der Schlüsselindikatoren

Indikatoren	Datenprobleme	Methodische Probleme	Akzeptanzfragen (umstritten)	
	Mangel an verfügbaren Daten, unzuverlässige Quellen, Daten	Schwierigkeiten bei der Reproduktion der Methodik zur Ermittlung des Indexes	Akzeptanzschwierigkeiten aufgrund von Probleme Willkür, Angemessenheit	Schwierigkeiten bei der Interpretation der Ergebnisse,
	nicht sehr zugänglich		Ade ou Inkommensurabilität	geringer Grad der Vergleichbarkeit

HDI	X		X	
IPH	X		X	
IDG	X		X	
MPG		X		X
NZB	X		X	
BS	X	X		
DNA	X		X	
DS		X		X
EF		X		X
PSA	X	X		
ESI	X	X		
EVI	X	X		
GPI			X	
HPI			X	X
IDS	X	X		X
ISEW	X		X	X
LPI	X	X	X	X

Quelle: SANTOS (2010).

In diesem Sinne schlagen BENNETTI (2006) und MEADOWS (2007) vor, dass ein Indikator sollte:

- Politisch relevant sein;
- Sie müssen in Bezug auf die Nachhaltigkeit des Systems sinnvoll sein;
- Erlauben Sie wiederholte Messungen im Laufe der Zeit;
- Sie müssen messbar sein (Kosten, Zeitaufwand und Durchführbarkeit der Maßnahme).
- Nachvollziehbar und überprüfbar sein;
- Leicht zu interpretieren sein;
- Sie sollten über eine klar definierte und transparente Messmethodik verfügen;
- Sie müssen physischer Natur sein, wie Wasser, Schadstoffe, Wälder, Lebensmittel;
- Sie sollten provokativ sein und zu Diskussionen, Lernen und Veränderungen führen.

Anhand dieser Daten lässt sich schließlich die große Komplexität der Ermittlung der Untersuchungsparameter für die Bewertung von Projekten und Praktiken im Zusammenhang mit dem Umweltmanagement feststellen, darunter auch Maßnahmen, die im nationalen Kontext in Bezug auf Verwaltung und Forschung erst kürzlich durchgeführt wurden, wie das ABC-Programm des Landwirtschaftsministeriums.

4.5 Balance of Nations-Methode

Im Jahr 2004 verabschiedete der Föderale Rat für Rechnungswesen (CFC) den ABC T 15 - Soziale und ökologische Informationen, der Verfahren für die Offenlegung sozialer und ökologischer Informationen festlegt, um der Gesellschaft Rechenschaft über die Nutzung natürlicher und menschlicher Ressourcen zu geben und den Grad der sozialen Verantwortung des Unternehmens aufzuzeigen.

Innerhalb von Organisationen besteht die grundlegende Aufgabe der Rechnungslegung in der Messung, Vorbereitung und Offenlegung von wirtschaftlichen und finanziellen Informationen, die den Entscheidungsprozess beeinflussen. Mit dem Aufkommen und der Einbeziehung der nachhaltigen Entwicklung entstand eine neue Herausforderung für die an der Umwelt- und Sozialbuchhaltung Beteiligten.

Nach KASSAI *et al.* (2008) wird ein Vorschlag mit der Bezeichnung Balance Sheet of Nations (BCN) beschrieben, der darauf abzielt, Bilanzen für Länder und Regionen zu erstellen. Die Methodik basiert auf der Verwendung multidisziplinärer Informationen qualitativer Art, die in monetäre oder buchhalterische Informationen umgewandelt werden und in Aktiva, Passiva und Nettowert entsprechend den natürlichen Ressourcen eines jeden Landes unterteilt werden.

Durch die Analyse der NKS kann sie daher als wichtiges Instrument zur Messung der Umweltkosten betrachtet werden, das eine Verringerung der durch menschliche Aktivitäten verursachten externen Effekte ermöglicht (KASSAI *et al., 2012). Die* NKS erweitert die Grenzen der Rechnungslegung, ist der Menschheit gegenüber rechenschaftspflichtig, beschränkt sich nicht auf normative Aspekte, sondern dehnt sich auf soziale, ökologische und humanitäre Belange aus.

Nach KASSAI *et al.* (2010) gibt es drei mögliche Situationen, die von der NZB zu überprüfen sind:

1.   Der ökologische Nettowert ist größer als Null - dies deutet darauf hin, dass die Umweltsituation des Landes einen Überschuss aufweist, d. h. jeder Bürger erwirtschaftet mehr als genug Einkommen, um seinen Verpflichtungen gegenüber der Umwelt nachzukommen, und es bleiben noch überschüssige Kohlenstoffgutschriften übrig. Dieser Fall entspricht dem Vorhandensein einer positiven Externalität;

2.   Ökologischer Nettowert gleich Null - suggeriert eine Null-Umwelt-Situation, d.h. jeder Bürger erwirtschaftet ein ausreichendes Einkommen, um seinen Verpflichtungen gegenüber der Umwelt nachzukommen. In diesem Fall gibt es keine externen Effekte;

3.   Ein ökologisches Nettovermögen von weniger als null deutet darauf hin, dass die wirtschaftliche Situation des Landes defizitär ist, d. h. die Bürger nicht in der Lage sind, ein ausreichendes Einkommen zu erzielen, um ihren Verpflichtungen gegenüber der Umwelt nachzukommen. Auf diese Weise ist es so, als würden die Bürger dieses Landes die Ressourcen anderer Länder ausnutzen und müssten zum Beispiel Kohlenstoffgutschriften aus anderen Ländern handeln und/oder ihre Emissionen reduzieren. In diesem Fall handelt es sich um eine negative Externalität.

Grafische Darstellung der NZB, wie in Abbildung 2 dargestellt.

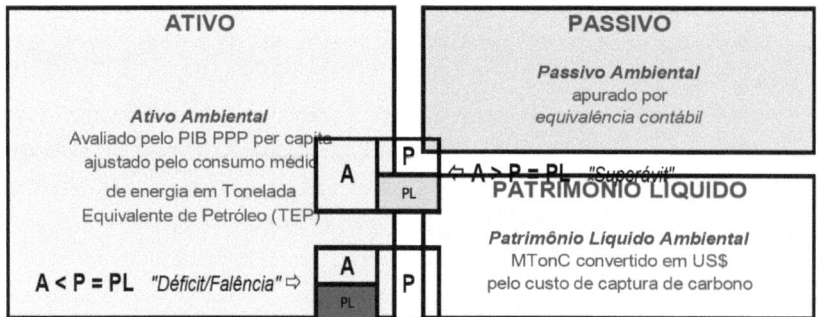

Abbildung 2 - Grafische Darstellung der NZB **Quelle:** KASSAI *et al.* *(2012, S. 79)*.

4.5.1 Umweltbezogene Vermögenswerte

Dies sind alle Vermögenswerte und Rechte, die für das Umweltmanagement bestimmt sind oder sich daraus ergeben. Gemäß ISO 14.000 (Internationale Organisation für Normung) liegt der Schwerpunkt auf der Minimierung von Umweltschäden durch das Umweltmanagementsystem (UMS) in Übereinstimmung mit allen umweltpolitischen Maßnahmen und Gesetzen.

Unter Umweltgütern können auch Anwendungen und Investitionen verstanden werden, die auf die Erhaltung der Umwelt abzielen und die einen gegenwärtigen und zukünftigen wirtschaftlichen Nutzen bringen sollen. Umweltgüter werden am BIP gemessen, das alle in einem bestimmten Land produzierten Waren und Dienstleistungen in Geldwerten darstellt.

Die NZB-Methode zur Bewertung des Wohlstands von Nationen, das BIP, wurde anhand der Kaufkraftparitätsmethode (KKP) bewertet, die misst, wie viel eine bestimmte Währung in internationalen Begriffen, d. h. in US-Dollar, kaufen kann. Die KKP-Methode wird auch vom Internationalen Währungsfonds (IWF) veröffentlicht.

Das BIP in KKS pro Kopf wird dann berechnet, indem es durch die Einwohnerzahl des Referenzlandes geteilt wird. Anschließend wird das BIP/KKS pro Kopf um den durchschnittlichen Energieverbrauch des Landes, gemessen in Tonnen Öläquivalent (TEE), bereinigt. Ein TEP entspricht 10.000.000 Kilokalorien (Kcal) (KASSAI et al., 2008).

Die Formel wird wie folgt realisiert:

$$\frac{PIB/PPC \; per \; capita \; do \; período}{Consumo \; médio \; de \; Energia \; em \; TEP \; do \; período} \qquad (1)$$

16

4.5.2 Umweltverbindlichkeiten

In der Umweltbilanzierung ist eine Verbindlichkeit eine gegenwärtige Verpflichtung der Einheit, die auf eingetretenen Ereignissen beruht und deren Erfüllung voraussichtlich zu einem Abfluss von Ressourcen führt, die einen wirtschaftlichen Nutzen erzeugen können. Sie bezieht sich auf Umweltbelastungen sowie auf Katzen, die für verursachte Schäden entschädigt werden müssen.

Die Umwelthaftung ergibt sich aus der Differenz auf der Grundlage der grundlegenden Bilanzgleichung:

Aktiva - Passiva = Nettowert   (2)

Aus dem Saldo der Aktiva und des Nettowertes ergeben sich die Verbindlichkeiten pro Kopf, um zu ermitteln, wie hoch der Überschuss oder das Defizit jedes Einwohners des Landes in Bezug auf die externen Umweltauswirkungen ist. Sie stellen das Gleichgewicht der Verpflichtungen dar, die jeder Bürger eines Landes in Bezug auf seinen Lebensunterhalt und die Erhaltung der Umwelt hat.

Nach KASSAI *et al.* (2008) stellen die Umweltverbindlichkeiten eine breite Palette von externen Effekten auf die Umwelt dar, und die Bilanz der Nationen weist die Vermögenswerte aus, die ausreichen, um ihre Verpflichtungen zu erfüllen, sowohl individuelle als auch ökologische.

Angepasst, können wir die Formel beobachten:

Umweltverbindlichkeiten = Umweltvermögen - Umweltnettovermögen (3)

4.5.3 Nettowert für die Umwelt

Das Umwelterbe setzt sich aus der Gesamtheit der Umweltgüter und -verbindlichkeiten zusammen. Die Bezeichnung "Umwelt" ist unangemessen weit gefasst. Sá (1999) betont, dass der Markt umweltbezogen ist, die Natur umweltbezogen ist, die Technologie umweltbezogen ist, das Recht umweltbezogen ist, die Politik umweltbezogen ist, d. h. alles außerhalb des Erbes umweltbezogen ist.

Nach LIMA und VEIGAS (2002) geht es bei der Messung von Umweltinformationen darum, das Ergebnis der durch die Unternehmenstätigkeit verursachten - positiven oder negativen - Auswirkungen wirtschaftlich zu messen. In diesem Sinne erklären LIMA und VEIGAS (2002, S. 51), dass "[...] zwischen Objekt und Attribut unterschieden werden muss, d.h. das Objekt ist nicht die Messung der Umweltverschmutzung, sondern die wirtschaftlichen Auswirkungen, die ihre externen Effekte verursachen können [...]". Sie merken auch an, dass die Umweltgesamtrechnung aus der Sicht des Unternehmens darauf abzielt, zu messen, was seine Umweltgüter sind und wie effizient sie genutzt werden, und wirtschaftliche und finanzielle Informationen über den Schutz, die Erhaltung und die Wiederherstellung der Umwelt zu liefern.

KASSAI *et al.* (2012) sind Wälder Speicher von Kohlenstoff, der in der Atmosphäre vermieden

17

wird. Für die Berechnung wird ein spezifischer Index verwendet, der sich auf das Speicherpotenzial jedes der verschiedenen Biome bezieht. Die Kohlenstoffemissionen beziehen sich auf den in einem bestimmten Zeitraum in die Atmosphäre freigesetzten Kohlenstoff, der durch industrielle Aktivitäten, Fahrzeuge, thermische Energieerzeugung und Waldbrände entsteht. Die Variablen werden in MtC gemessen und, wenn sie monetarisiert werden, in die von den Vereinten Nationen (UN) vorgeschlagenen Kohlenstoffabscheidungskosten umgerechnet.

Daher definieren sie auch, dass der Nettowert aus jedem Blickwinkel betrachtet das Endergebnis aller Anstrengungen ist, die ein Unternehmen unternimmt, um seine Vermögenswerte und Verbindlichkeiten so effizient und gewinnbringend wie möglich zu verteilen.

KAPITEL 5

5. Bibliographische Referenzen

CMMD. **Weltkommission für Umwelt und Entwicklung**: Unsere gemeinsame Zukunft. Oxford: Oxford University Press, 1987. S. 28 - 59

COASE, R. H. Das Problem der sozialen Kosten. **Zeitschrift für Recht und Wirtschaft,** Chicago, V. 3, S. 1-44, 1960.

DEMETRIO, F. J. C.; GIANNETTI, B. F.; ALMEIDA, C. M. V. B. Comparative Study between Sustainability and the Human Development Index. In: Internationaler Workshop "Fortschritte bei der sauberen Produktion", 05, 2009, São Paulo. Proceedings...São Paulo: UNIP, 2009. S. 1-10.

DUCHIN, F. Input-Output-Ökonomie und Stoffströme. In: **SUH, S. Handbook of input-Output Economics in Industrial Ecology**. Minessota: Springer, 2009. S. 61 - 218.

ISARD, W. **Ökologisch-ökonomische Analyse für die regionale Entwicklung**. New York: Free Press, 1972. S. 272

KASSAI, J. R. BARBIERI, R. F. SANTOS, F. C. B. CARVALHO, L. N. G. CINTRA, Y. Balance of Nations: a reflection under the scenario of climate change. In: Brasilianischer Kongress der Kosten, 15, 2008, Curitiba. Proceedings...Curitiba: Brasilianischer Kongress für Kosten, 2008. 1 CD-ROM.

KASSAI, J. R. BARBIERI, R. F. CARVALHO, L. N. G. CINTRA, Y. The Monster Countries in the Global Climate Change Scenario according to their Balance Sheets. **Revista de Gestão Social e Ambiental**, São Paulo. v. 4, n. 2, S. 3-20, 2010.

KASSAI, J. R. BARBIERI, R. F. CARVALHO, L. N. FOSCHINE, A. CINTRA, Y. AFONSO, L. E. Accounting balance of nations: reflections on global climate change scenarios. **Brazilian Business Review**, Vitória-ES, v. 9, n. 1, S. 65-109, 2012.

LEONTIEF, W. Exporte, Importe, Inlandsproduktion und Beschäftigung. **The Quarterly Journal of Economics**, Cambridge, v. 60, n. 2, S. 171-93, 1946.

LEONTIEF, W. Environmental Repercussions and the Economic Structure: An Input-Output Approach, **The Review of Economics and Statistics,** Cambridge, v. 52, n. 3, S. 262-271, 1970.

LIMA, D. V. de: VIEGAS, W. Buchhalterische Behandlung und Offenlegung ökologischer externer Effekte. **Revista Contabilidade e Finanças,** São Paulo, n. 30, S. 46-53. 2002.

19

MILLER, R. E.; BLAIR, P. D. **Input-Output Analysis: Foundations and Extensions**. New York: Cambridge University Press, 2009. S. 10 - 65.

MIRANDA, C. R. Wirtschaft und Umwelt: ein Input-Output-Ansatz. **Pesquisa e Planejamento Económico**, Brasília, v. 10, n. 2, S. 601-636, 1980.

MOTTA, R. S. **Environmental Accounting: theory, methodology and case studies in Brazil**. Rio de Janeiro: IPEA, 1995. S. 28 - 72.

NU. System of Environmental-Economic Accounting 2012: Experimental Ecosystem Accounting. New York: NU, 2014. **SEAA-Portal**, verfügbar unter: < https://unstats.un.org/unsd/envaccounting/seearev/seea_cf_final_en.pdf > Zugriff am 19. Juli 2018.

Semagro Portal, verfügbar unter: < http://www.semagro.ms.gov.br/zoneamento- ecologico-economico-de-ms-zee-ms/ >. Abgerufen am 19. Juli 2018.

PortalIPEA, verfügbar unter : <http://www.ipea.gov.br/portal/index.php?option=com_content&view=article&id= 1226&Itemid=68>. Zugriff am 19. Juli 2018.

Portal für technische Normen, verfügbar unter: < https://www.normastecnicas.com/iso/serie-iso-14000/>. Zugriff am 19. August 2018.

SÁ, A. L. Einführung in die auf die natürliche Umwelt angewandte Rechnungslegung. **IOB - Objektive Information. Temática Contábil e Balanços**, São Paulo, n. 37, S. 69, 1999.

YOUNG, C. E. F.; PEREIRA, A. A.; HARTJE, B. C. R. **Environmental Accounts for Brazil**. Rio de Janeiro: IE-UFRJ, 2000. S. 7-34.

KAPITEL 6

6. Artikel

Artikel I

Umweltökonomische Leistung der Gemeinden in Mato Grosso do Sul.

Zusammenfassung

Dieser Artikel zielt darauf ab, die wirtschaftliche Leistung aufzuzeigen, die durch die wichtigsten wirtschaftlichen Aktivitäten des Bundesstaates Mato Grosso do Sul, Brasilien, verursacht wird. In diesem Zusammenhang werden prospektive Studien die Nachhaltigkeitsindikatoren von Mato Grosso do Sul für sektorale und regionale Studien aufzeigen, die die Verbesserung der öffentlichen Politik unterstützen und bei der Ausarbeitung strategischer Regierungsprogramme helfen, die Fragen der nachhaltigen Umweltentwicklung und der Wirkungsparameter berücksichtigen. Im Rahmen dieses Ansatzes besteht die Möglichkeit, Indikatoren zu entwickeln, mit denen gemessen werden kann, welche wirtschaftlichen Aktivitäten die größten Auswirkungen auf die Umwelt und die Gesellschaft als Ganzes haben. Sie werden für die Diskussion über die öffentliche Politik relevant. Darüber hinaus ermöglichen die durch die Konstruktion synthetischer Indikatoren erstellten Diagnosen den Entscheidungsträgern prospektive Szenarien in Bezug auf die Nachhaltigkeit und unterstützen die Verbesserung, Bewertung und Überwachung der öffentlichen Politik und der Regierungsprogramme. Zu diesem Zweck wurde ein aggregativer Indikatoransatz zur Messung der Nachhaltigkeit entwickelt, der die Ergebnisse für die 79 Gemeinden von Mato Grosso do Sul auswertete und die wichtigsten Ähnlichkeiten und Schwerpunkte in Bezug auf die Nachhaltigkeit aufzeigte.

Schlüsselwörter: Wirtschaftsleistung, Indikatoren, ökologische Nachhaltigkeit.

Einführung

Wirtschaftliche Entwicklung und Nachhaltigkeit sind in den heutigen Gesellschaften ein wichtiges Anliegen. Widersprüchliche Auffassungen der führenden Politiker auf den Weltkonferenzen, die darauf abzielen, neue Technologien und Wissen zu schaffen, um das Leben der Menschen zu erleichtern. Das Konzept der Leistung in der Umweltökonomie hat seine Eigenheiten; es widmet der Input-Output-Analyse im Umweltbereich große Aufmerksamkeit und enthält Kriterien, die bei der Entscheidungsfindung helfen. Beim Entwicklungsdenken geht es darum, Wirtschaftswachstum mit anderen Zielen in Einklang zu bringen, d. h. es geht um langfristiges Denken. Dies hat zu einer umweltbewussteren und besorgteren Gesellschaft in Bezug auf Luftverschmutzung und andere Fragen der Nachhaltigkeit geführt, da die Umweltprobleme immer gravierender werden und man sich zunehmend der Auswirkungen dieser Probleme bewusst wird.

Im Bundesstaat Mato Grosso do Sul ist die Verordnung, mit der die ökologisch-ökonomische Zonierung eingeführt wurde, als eine Reihe von Maßnahmen zur Veränderung der Umwelt zu verstehen, die auf eine rationale Nutzung der Ressourcen, die Verbesserung der Lebensqualität der

21

Bevölkerung und die Erhaltung der Umwelt im Gebiet abzielen und die von der Gesellschaft in Zusammenarbeit mit der Regierung des Bundesstaates Mato Grosso do Sul durchgeführt werden.

Auf diese Weise bringt die vom brasilianischen Institut für Sozial- und Wirtschaftsanalysen (IBASE) entwickelte Sozialbilanz die von den Unternehmen entwickelten Maßnahmen zur sozialen Verantwortung zum Ausdruck und zeigt den verschiedenen Nutzern auf transparente Weise die Leistung der Buchhaltungs-, Umwelt-, Wirtschafts- und Sozialinformationen der Unternehmen.

Aufgrund der inhärenten Merkmale des Organisationsstrukturierungsprozesses ist ein klarerer Überblick über die Prozesse, bei denen Umweltkosten anfallen, von wesentlicher Bedeutung, und es ist notwendig, Umweltleistungsindikatoren zu wählen, um Umweltbelastungen zu verringern und folglich die wirtschaftliche Leistung zu fördern.

In diesem neuen Kontext sind prospektive Studien zur Vorwegnahme der Einhaltung von Vorschriften und zur Ermittlung von Strategien für die Entwicklung von Mato Grosso do Sul von grundlegender Bedeutung für sektorale und regionale prospektive Studien, die die Verbesserung der öffentlichen Politik durch die Bereitstellung von Subventionen für strategische Programme unterstützen, die Fragen der ökologischen Nachhaltigkeit berücksichtigen.

Im Rahmen dieses Konzepts bietet die Möglichkeit, Indikatoren zur Messung der Verantwortung für die ökologische Wirtschaftsleistung zu erstellen, einerseits der Gesellschaft als Ganzes Informationen über die Situation ihrer Regionen und andererseits ein Entscheidungsinstrument für Maßnahmen zur Korrektur regionaler Ungleichheiten.

Zu diesem Zweck ist das allgemeine Ziel, die Konstruktion und Schätzung eines Index für nachhaltige Entwicklung in den Gemeinden des Bundesstaates Mato Grosso do Sul zu messen.

Material und Methoden

Mit der Veröffentlichung der "Indicators of Sustainable Development (IDS): Brazil 2002" beginnt das IBGE alle zwei Jahre mit der Erforschung des Themas. Die bereitgestellten Informationen über die brasilianische Realität in ihren ökologischen, sozialen, wirtschaftlichen und institutionellen Dimensionen sind ein wichtiger Beitrag für Entscheidungsträger zu einem umfassenden Überblick über die wichtigsten Themen im Zusammenhang mit der nachhaltigen Entwicklung in Brasilien (IBGE, 2016).

In der letzten Ausgabe von 2016 wurden 60 Indikatoren vorgestellt, von denen die meisten in die vier Dimensionen unterteilt sind, was die Beobachtung von Phänomenen im Laufe der Zeit und die Untersuchung ihres Auftretens auf dem nationalen Gebiet ermöglicht (IBGE, 2016).

Bei der Festlegung eines staatlichen oder kommunalen Grenzwertes wäre die Zahl der Indikatoren jedoch geringer. Im Gegensatz zum Umfang der auf nationaler Ebene verfügbaren Indikatoren werden die meisten dieser Indikatoren auf regionaler Ebene nur sporadisch während der Volkszählungszeiträume erhoben. Die verfügbaren Daten aus den Stichprobenerhebungen oder den systematischen Erhebungen in den Ländern und Gemeinden schränken den Umfang der verwendbaren Indikatoren ein.

Nach ROLDAN und VALDÉS (2002) muss die für die Auswahl der Indikatoren für die verschiedenen Regionen vorgeschlagene Methodik, die einen Vergleich und die Erstellung einer Rangliste dieser Regionen ermöglicht, die Frage der nachhaltigen Entwicklung nach folgenden Kriterien darstellen:

- Die Verfügbarkeit und Zuverlässigkeit der Datenquellen;
- Möglichst aktuelle Datenstatistiken;
- Die Darstellung in der Analyse von drei Systemen: natürliche, soziale und wirtschaftliche, mit ihrer regionalen Bedeutung;

Ein ganzheitlicher Ansatz, der quantitative und qualitative Begriffe umfasst.

Die in diesem Artikel vorgeschlagene Methodik sollte alle Gemeinden in Mato Grosso do Sul berücksichtigen, einschließlich aller Dimensionen, die von der Kommission für nachhaltige Entwicklung der Vereinten Nationen (CSD) vorgeschlagen und in der nationalen SDI-Methodik der IBGE verwendet werden. Dadurch wird die Analyse vollständiger und die vorgeschlagenen regionalen Indikatoren können mit den nationalen Indikatoren verglichen werden.

Die Umweltbilanz (BPA) basiert auf der Sozialbilanz (BS), die vom brasilianischen Institut für soziale und wirtschaftliche Analysen (IBASE) zur Verfügung gestellt wird. Nach CLAUDE (1997) ist die Bilanzierung des Naturerbes ein globales System von Aufzeichnungen, das physische und monetäre Informationen in ein System von Beziehungen zwischen Wirtschafts- und Umweltkonten integriert, und zwar durch Matrizen von Wechselbeziehungen, die es ermöglichen, die Informationen zu kreuzen.1 Nachfolgend sind die wichtigsten sozialen Indikatoren aufgeführt, die nach PFITSCHER (2009) in 7 Blöcke unterteilt sind:

a) **Berechnungsgrundlage**: Dies sind die drei Finanzinformationen: Nettoeinnahmen, Betriebsergebnis und Bruttolohnsumme. Diese Zahlen werden verwendet, um die Auswirkungen von Investitionen auf die Buchführung des Unternehmens zu ermitteln und um Vergleiche zwischen Unternehmen und Sektoren im Laufe der Jahre zu ermöglichen;

b) **Interne Sozialindikatoren**: Hierbei handelt es sich um die internen, obligatorischen und freiwilligen Investitionen, die das Unternehmen zugunsten und/oder im Dienste seiner Mitarbeiter tätigt (u. a. Ernährung, obligatorische Sozialabgaben, private Altersvorsorge, Gesundheit, Sicherheit und Medizin am Arbeitsplatz, Bildung, Kultur, Aus- und Weiterbildung, Kinderkrippen und -tagesstätten, Gewinnbeteiligung und Ergebnisse);

c) **Externe Sozialindikatoren**: Dieser Teil der Bilanz zeigt freiwillige Investitionen, die sich an die Gesellschaft im Allgemeinen richten, wie Projekte und Initiativen in den Bereichen Bildung, Kultur, Gesundheit und Hygiene, Sport, Bekämpfung von Hunger und Ernährungssicherheit, Steuerzahlungen und andere;

d) **Umweltindikatoren**: Dargestellt werden die Investitionen des Unternehmens zur Abschwächung oder zum Ausgleich seiner Umweltauswirkungen sowie die Investitionen zur Verbesserung der Umweltqualität der Produktion/des Betriebs des Unternehmens, entweder durch technologische Innovation oder durch interne Umwelterziehungsprogramme. Es wird auch nach Investitionen in Projekte und Maßnahmen gefragt, die nicht mit dem Geschäftsbetrieb zusammenhängen;

e) **Personalindikatoren:** Dieser Teil enthält Informationen darüber, wie sich das Unternehmen zu seiner internen Öffentlichkeit verhält, was die Schaffung von Arbeitsplätzen, den Einsatz von Fremdarbeitskräften, die Anzahl der Auszubildenden, die Wertschätzung von Vielfalt - Schwarze, Frauen, Altersgruppen und Menschen mit Behinderungen - und die Beteiligung von historisch diskriminierten Gruppen im Land (Frauen und Schwarze) an Führungs- und Managementpositionen angeht;

f) **Relevante Informationen über die Ausübung der Corporate Citizenship: Dies** bezieht sich auf eine Reihe von Maßnahmen in Bezug auf die Öffentlichkeit, die mit dem Unternehmen interagiert, wobei der Schwerpunkt auf der internen Öffentlichkeit liegt. Dabei handelt es sich größtenteils um qualitative Indikatoren, die zeigen, wie die interne Beteiligung und die Verteilung der Vorteile verläuft. Dieser Teil der Bilanz umfasst auch einige der im Unternehmen entwickelten Richtlinien und Prozesse, die mit den Strategien und Praktiken des Managements der sozialen Verantwortung des Unternehmens zusammenhängen;

g) **Sonstige Informationen:** Dieses Feld ist reserviert und wird von den Unternehmen häufig genutzt, um andere Informationen offenzulegen, die für das Verständnis ihrer sozialen und ökologischen Praktiken relevant sind.

Tabelle 1. An die Umwelt angepasste Bilanzen

KURZFRISTIGE VERMÖGENSWERTE	KURZFRISTIGE
Verfügbar	**VERBINDLICHKEITEN**
Boxen	**Darlehen und Finanzierungen**
Banken auf einem Girokonto	Finanzierung der Umwelt
Kredite	**Anbieter**
Kunden	Umweltfreundliche Lieferanten
Umweltbewusste Kunden	
(-) Abgezinste Rechnungen	**Obligationen**
Kredite für Umweltberatung	Geldbußen für Umweltschäden
Andere Kredite	Entschädigung für Umweltschäden
Bestände	Ökosteuern
Rohmaterialien	**Bestimmungen**
Produkte in Bearbeitung	Geldbußen für Umweltschäden
Fertige Produkte	Entschädigung für Umweltschäden
Recycelte Produkte und Nebenerzeugnisse	Grüne Steuern
Eingaben in die Umwelt	**NICHT ZIRKULIEREND**
Umweltfreundliche Verpackung	**LANGFRISTIGE**
NICHT ZIRKULIEREND	**VERBINDLICHKEITEN**
	Darlehen und Finanzierungen
	Finanzierung der Umwelt

	Anbieter
LANGFRISTIG REALISIERBAR	Umweltfreundliche Lieferanten
Investitionen Beteiligung an anderen	**Obligationen**
Umweltunternehmen	Geldbußen für Umweltschäden
Beteiligungen an Investmentfonds.	Entschädigung für Umweltschäden
Umwelt	Bestimmungen
Anlagevermögen	Geldbußen für Umweltschäden
Land	Entschädigung für Umweltschäden
Umwelttechnische Ausrüstung	Anschaffungen Waren und Serv.
Abschreibung, Amortisation und	Umweltsanierungen
Erschöpfung	**ERGEBNISSE DER KÜNFTIGEN**
(-) **Immaterielle Vermögenswerte**	**HAUSHALTSJAHRE**
Marken	**NETTOVERMÖGEN Grundkapital**
Patente	Gezeichnetes Aktienkapital
Kumulierte Umweltabschreibungen (-)	**Kapitalrücklagen**
	Gewinnrücklage
	Gesetzliche Reserve
VERMÖGEN INSGESAMT	Eventuelle Rückstellung für
	Umweltschäden **Jahresüberschuss**
	oder
	Kumulierte Verluste
	GESAMTVERBINDLICHKEITEN

Quelle: Angepasst von TINOCO und KRAEMER (2006).

Ergebnisse und Diskussion

Nachhaltigkeit: konzeptionelle und historische Aspekte

Das Konzept der Nachhaltigkeit bezieht sich auf Prinzipien wie Demokratie und Gerechtigkeit; es ist ein leicht auszusprechender, aber schwer zu definierender Begriff. In der umweltökonomischen Literatur stützt sich die Debatte über die Bedingungen der Nachhaltigkeit in der Regel auf zwei Konzepte: "schwache" und "starke" Nachhaltigkeit. Der Test der schwachen Nachhaltigkeit ist eine intuitive Regel, die auf der Annahme einer uneingeschränkten Substitution zwischen produzierten und nicht produzierten Gütern beruht. Eine Volkswirtschaft gilt als "nicht nachhaltig", wenn die Gesamtersparnis unter die kombinierte Abschreibung von produzierten und nicht produzierten Vermögenswerten fällt, wobei letztere in der Regel auf natürliche Ressourcen beschränkt sind (PEARCE und ATKINSON, 1993, 1995).

Obwohl Umweltprobleme schon seit langem bestehen, hat sich die ökonomische Analyse erst in jüngster Zeit ausreichend mit ihnen und ihren Auswirkungen auseinandergesetzt. Das soll nicht heißen, dass die Umweltprobleme von den verschiedenen ökonomischen Denkschulen völlig ignoriert wurden. Es genügt, sich ihre Geschichte in Erinnerung zu rufen: Die Physiokratie stellte die

25

natürlichen Ressourcen (Land) an die erste Stelle der Faktoren des Wirtschaftswachstums, und die klassische Schule betrachtete alle drei Faktoren zusammen - Land, Kapital und Arbeit. Doch erst seit den 70er Jahren des letzten Jahrhunderts sind zahlreiche Studien und Fortschritte entstanden, vor allem in der neoklassischen Wirtschaftslehre. Aus diesen Studien gingen zwei Wissenschaften hervor - die Umweltökonomie und die Ökonomie der natürlichen Ressourcen.

Die Organisation der Vereinten Nationen hat in ihrem Bericht Unsere gemeinsame Zukunft die nachhaltige Entwicklung wie folgt definiert: [...] Nachhaltige Entwicklung ist eine Entwicklung, die die Bedürfnisse der Gegenwart befriedigt, ohne die Fähigkeit künftiger Generationen zu gefährden, ihre eigenen Bedürfnisse zu befriedigen (CMMAD).

So hat dieses Anliegen an Dynamik gewonnen, indem es in einem weiten Sinne als "Nachhaltigkeit" interpretiert wird, wobei die Produktionsmittel unterschieden werden, um ein Gleichgewicht zu finden.

Nach RAMOS (2010) hat die heutige, durch die Technologie erweiterte Sichtweise der Natur das Herrschaftsprojekt übernommen, das auf dem Dualismus Mensch-Natur basiert, bei dem letztere zum Nutzen der ersteren instrumentalisiert wird. Mit anderen Worten: Die zum Dogma gewordene Haltung, das Wissen über die Natur in ein Herrschaftsinstrument zu verwandeln, wurde universalisiert.

Die harmonische Koexistenz mit der Umwelt und den anderen Arten, die den Planeten bevölkern, muss respektiert werden, damit der Wert der Umwelterziehung erhalten werden kann.

Cordani, MARCOVITCH und SALATI (1997) sind der Ansicht, dass solche Probleme an Bedeutung verloren haben, dass aber neue Sicherheitsprobleme wie Terrorismus und Arbeitslosigkeit die Aufmerksamkeit der führenden Politiker und der Gesellschaft insgesamt auf sich gezogen haben. Es handelt sich um kurzfristige Probleme, die auf die Tagesordnung drängen. In Brasilien hat die mangelnde Definition des staatlichen Reformprozesses auch die Priorität von Maßnahmen zur nachhaltigen Entwicklung verringert. Ein Beispiel dafür ist das Nichtfunktionieren vieler Institutionen, die sich mit Umweltfragen befassen, und ihrer Koordinierungsstellen.

Wenn wir also die Meinung jedes einzelnen Autors überprüfen und respektieren, können wir feststellen, dass einige von ihnen sich bemüht haben, ihr Wissen auf klare und objektive Weise auszudrücken und zu etablieren, da das Thema so schwierig ist, dass die Gewährleistung einer nachhaltigen Entwicklung notwendig ist, um das Naturkapital richtig zu bewerten. Um künftigen Generationen nicht zu schaden, muss man wissen, wie viel des Naturkapitals durch Umweltzerstörung verloren gegangen ist, wie viel heute vorhanden ist und wie viel in Zukunft von irreversibler Zerstörung bedroht ist.

Nachhaltige Entwicklung ist ein Instrument, das Informationen für aggregierte Kontrollen bereitstellt, die die Auswirkungen auf die Umwelt aufzeigen und zur Ausarbeitung von Präventionsprogrammen führen.

Nachhaltigkeitsindikatoren und -indizes

Es besteht kein allgemeiner Konsens darüber, dass es sich bei der nachhaltigen Entwicklung um einen evolutionären Prozess handelt, der sich in der Kombination von drei Bereichen der Entwicklung eines Landes zum Nutzen heutiger und künftiger Generationen niederschlägt: Wirtschaftswachstum, Verbesserung der Umweltqualität und Verbesserung der Gesellschaft. Was Nachhaltigkeitsindizes oder -indikatoren betrifft, so steht die Debatte erst am Anfang, da es bisher kein Rezept oder eine Formel gibt, um zu beurteilen, was nachhaltig oder nicht nachhaltig ist.

Ein Nachhaltigkeitsindex sollte sich zunächst auf die relativen Elemente der Nachhaltigkeit eines Systems (CAMINO und MULLER, 1993) und die Explizitheit seiner Ziele, seine konzeptionelle Grundlage und seine Nutzerschaft beziehen (ROMERO, 2004).

Die Entwicklung von Indikatoren für die nachhaltige Entwicklung in Brasilien ist Teil der internationalen Bemühungen zur Umsetzung der Ideen und Grundsätze, die auf der Konferenz der Vereinten Nationen über Umwelt und Entwicklung 1992 in Rio de Janeiro formuliert wurden und das Verhältnis zwischen Umwelt, Gesellschaft, Entwicklung und Informationen für die Entscheidungsfindung betreffen.

Nachhaltigkeitsindizes setzen jedoch die Erklärung der Mechanismen und Logiken voraus, die in dem untersuchten Bereich wirken; die Quantifizierung der wichtigsten Phänomene, die in dem System auftreten, wie in Abbildung 1 dargestellt.

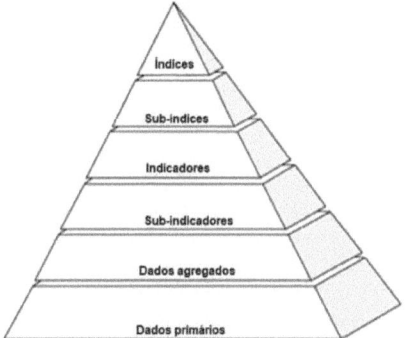

Figura 1. Ebene der Datenaggregation eines bestimmten Nachhaltigkeitsbewertungsinstruments.
Quelle: Angepasst von SHIELDS *et al.* (2002).

Konstruktion von Indikatoren

Nach JANUZZI (2005) erfolgt der Aufbau eines Systems von Indikatoren für die Verwendung in der öffentlichen Politik in vier Phasen. Sie beginnt mit der Definition des Programmziels (1), gefolgt von der Definition der mit dem Programmziel verbundenen Dimensionen oder Aktionen (2). Danach werden Verwaltungsdaten und öffentliche Statistiken gesucht (3), die nach ihrer Aufbereitung (4) zu sozialen Indikatoren werden, wie in Abbildung 2 dargestellt.

27

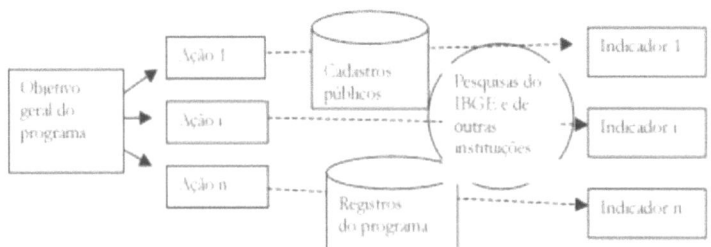

Figura 2. Aufbau eines Systems von Indikatoren für den öffentlichen Politikzyklus. **Quelle:** JANUZZI (2005).

Nach JANUZZI (2005) muss der Indikator mit der strategischen Planung verflochten sein, damit er genau das misst, was vorgeschlagen wird. Für Cardoso (2005) nimmt diese Verbindung zwischen dem Indikator und der strategischen Planung die Form eines Zyklus an, bei dem die strategische Planung die Messung der Ergebnisse des Indikators speist, der wiederum die Leistungsinformationen für die strategische Planung nutzt, wie in Abbildung 3 dargestellt.

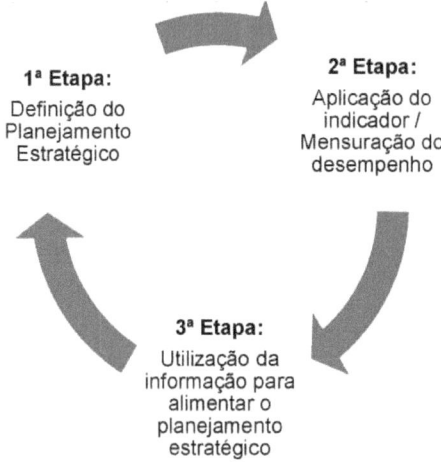

1ª Etapa:
Definição do
Planejamento
Estratégico

2ª Etapa:
Aplicação do
indicador /
Mensuração do
desempenho

3ª Etapa:
Utilização da
informação para
alimentar o
planejamento
estratégico

Figura 3. Verbindung zwischen Indikator und strategischer Planung.
Quelle: Angepasst von CARDOSO (2005).

Die erste Phase, die Definition eines Programmziels, ist für die Wirksamkeit des Indikators sehr wichtig, da der Indikator durch die Definition des pragmatischen Ziels eine klar definierte konzeptionelle Grundlage hat, was seine Wirksamkeit erhöht (JANUZZI, 2005).

Sobald der Programminhalt definiert ist, werden in einem zweiten Schritt die Dimensionen festgelegt, aus denen sich der Indikator zusammensetzt. Diese Dimensionen werden auch als "Hauptthemen" bezeichnet, wie dies bei den drei Indikatoren der Fall war, die im Index für nachhaltige Entwicklung der ökologisch-ökonomischen Zone von Mato Grosso do Sul bearbeitet wurden. In dieser Phase ist es wichtig, alle Dimensionen zu überprüfen, aus denen sich der Indikator

28

zusammensetzt. Nach der Überprüfung werden die Dimensionen, die für den Indikator wesentlich sind, detailliert und die unnötigen verworfen. Diese Beurteilung obliegt dem Forscher, der sich zu diesem Zweck mit dem Thema befassen sollte (JANUZZI, 2005).

Die dritte Phase, die JANUZZI (2005) als die Suche nach Verwaltungsdaten und öffentlichen Statistiken definiert, d. h. die Erhebung von Daten zur Messung eines Phänomens. Die Datenerhebung kann mit Hilfe von Primär- oder Sekundärdaten durchgeführt werden. Primärdaten sind diejenigen unveröffentlichten Daten, die erhoben werden müssen. Sekundärdaten wiederum sind Daten, die bereits existieren, die von einem anderen Forscher oder einer anderen Institution gesammelt und in ihrer eigenen Datenbank zur Verfügung gestellt wurden. Der Hauptnachteil von Primärdaten gegenüber Sekundärdaten sind die Kosten für ihre Beschaffung (finanziell und zeitlich) und die Schwierigkeit, die Daten zu erhalten, da die meisten Forschungsarbeiten eine große Population erreichen müssen. Sekundärdaten sind leichter zugänglich, was Zeit und Geld spart. Andererseits sollten Sekundärdaten nur dann verwendet werden, wenn sich der Forscher der Zuverlässigkeit dieser Daten sicher ist, wobei Daten von Forschungsinstituten wie dem IBGE oder anderen zuverlässigen Institutionen zu bevorzugen sind.

Der vierte und letzte Schritt besteht darin, die Daten zu organisieren, sie gegebenenfalls zu standardisieren und sie zu nutzen, um das Gewünschte zu messen.

Die Methodik zur Erstellung eines Indikators ist in Abbildung 4 dargestellt.

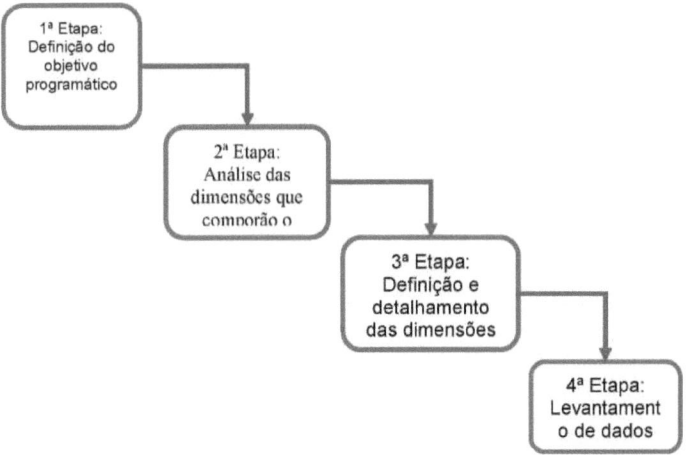

Figura 4. Methodik zur Erstellung eines Indikators nach JANUZZI (2005). **Quelle:** Die Autoren.

Erzielte Ergebnisse

Auf der Grundlage der in den vorangegangenen Punkten durchgeführten Studien wurde die Korrelation der einzelnen analytischen Dimensionen der vorgestellten Indizes untersucht, damit deutlicher wird, welche Dimensionen als am wichtigsten angesehen werden, d. h. welche analytischen Dimensionen in den Indizes erscheinen.

Das Ergebnis zeigt, dass die wirtschaftliche Leistung der Gemeinden in Mato Grosso do Sul

29

in Bezug auf das Nachhaltigkeitsniveau zwischen 2010 und 2015 sowohl auf dem Alarm- als auch auf dem Idealniveau variiert (Abbildung 5).

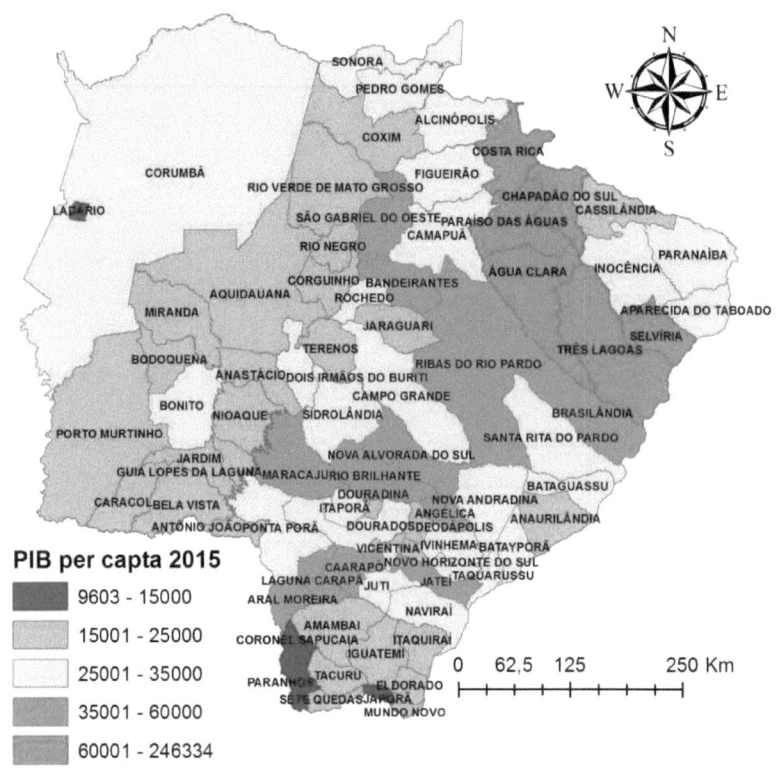

Figura 5. Karte 1: Wirtschaftsleistung von Mato Grosso do Sul anhand des BIP pro Kopf 2015. **Quelle:** Erarbeitet aus IBGE-Daten (2017).

Aus der Karte ist ersichtlich, dass keine Gemeinde als ideal angesehen wurde. Dies ist auf die Tatsache zurückzuführen, dass es Gemeinden gibt, die eine gute wirtschaftliche Leistung aufweisen, aber in ökologischer oder sozialer Hinsicht in Alarmbereitschaft sind.

Durch die Erstellung einer Rangliste der Gemeinden wird die Leistung der 10 Gemeinden des Bundesstaates Mato Grosso do Sul mit den besten Ergebnissen in Bezug auf das Bruttoinlandsprodukt pro Kopf in Reais (R$) mit diesem Gesamtenergieverbrauch und somit dem Durchschnitt in Bezug auf die individuelle wirtschaftliche Leistung jeder einzelnen Gemeinde überprüft.

Tabelle 2. Rangfolge der 10 Gemeinden mit dem höchsten Bruttoinlandsprodukt in Mato Grosso do

Sul.

Kommune	BIP pro Kopf in Reais (R$) 2010	BIP pro Kopf in Reais (R$) 2011	BIP pro Kopf in Reais (R$) 2012	BIP pro Kopf in Reais (R$) 2013	BIP pro Kopf in Reais (R$) 2014	BIP pro Kopf in Reais (R$) 2015
Feld Groß	19.167,99	22.127,83	23.787,23	24.905,06	28.349,62	28.417,05
Dourados	19.204,78	24.190,67	27.244,31	27.098,98	33.101,70	34.219,12
Drei Lagunen	38.507,63	42.418,40	47.997,58	59.237,51	64.528,84	69.184,36
Iguatemi	15.076,99	16.760,14	18.998,95	21.462,16	21.554,19	23.324,41
Paranaíba	15.220,51	17.157,88	18.431,51	21.174,03	24.464,35	26.619,77
Corumbá	17.960,14	20.315,15	23.319,64	24.829,00	28.712,25	25.154,17
Aquidauana	11.672,94	12.229,77	12.895,57	14.283,70	16.274,10	17.119,21
Neu Andradina	18.966,17	23.725,37	26.231,06	28.676,08	33.890,73	30.798,82
Bodoquena	17.542,69	20.330,36	21.521,41	22.575,77	24.044,41	24.926,20
São Gabriel do Oeste	28.420,77	31.280,51	41.858,48	43.315,81	49.148,07	55.056,06

Quelle: Erhebungsdaten.

Nach den vorgelegten Ergebnissen hat Três Lagoas das höchste Pro-Kopf-BIP in Reais. In den für das Jahr 2010 vorgestellten Dimensionen betrug es 38.507,63 R$ und im Jahr 2015 erhöhte es seine monetäre Veränderung auf 69.184,36 R$. Es ist jedoch zu erkennen, dass Gemeinden wie Campo Grande einen hohen Energieverbrauch (MHW) haben, aber in Bezug auf das Pro-Kopf-BIP eine Leistung aufweisen, die unter derjenigen der größten Gemeinde liegt.

Dies zeigt, dass der Umweltindikator die Einzelergebnisse für die Gemeinden aufzeigen kann, dass aber die Teilergebnisse der Indikatoren, die die Dimensionen bilden, analysiert werden müssen, um geeignete Strategien im sozialen, wirtschaftlichen, institutionellen und ökologischen Bereich zu entwickeln.

Tabelle 3. Rangfolge der 10 Gemeinden mit dem höchsten Energieverbrauch in (MHW) in Mato Grosso do Sul.

Kommune	Gesamtenergieverbrauch (MWH) 2010	Gesamtenergieverbrauch (MWH) 2011	Gesamtenergieverbrauch (MWH) 2012	Gesamtenergieverbrauch (MWH) 2013	Gesamtenergieverbrauch (MWH) 2014	Gesamtenergieverbrauch (MWH) 2015
Feld Groß	1.312.735	1.394.232	1.519.280	1.613.104	1.742.866	1.752.247
Dourados	402.999	443.162	476.575	499.802	528.119	541.585

Drei Lagunen	280.445	308.651	365.315	521.122	378.537	348.103
Iguatemi	17.862	16.582	20.897	22.674	23.011	24.891
Paranaíba	64.989	68.852	73.029	78.613	84.085	81.357
Corumbá	167.827	180.061	184.929	192.603	242.202	239.073
Aquidauana	60.526	64.083	70.360	71.924	77.200	75.705
Neu Andradina	78.391	78.850	86.833	102.517	110.112	104.323
Bodoquena	73.773	81.201	88.232	87.293	86.779	85.488
São Gabriel do Oeste	51.120	53.385	58.535	65.519	72.534	78.351

Quelle: Erhebungsdaten.

Nach den vorgelegten Ergebnissen hat Campo Grande den höchsten Energieverbrauch (MWH). In den dargestellten Dimensionen für das Jahr 2010 hatte es 1.312.735 MHW und im Jahr 2015 erhöhte es seine monetäre Veränderung auf 1.752.247 MWH. Es ist jedoch zu erkennen, dass Gemeinden wie Iguatemi einen niedrigen Energieverbrauch (MHW) haben.

Der Umweltindikator kann die Einzelergebnisse für die Gemeinden aufzeigen, aber es sollten auch die Teilergebnisse der Indikatoren berücksichtigt werden, die die Dimensionen bilden, um geeignete Strategien im sozialen, wirtschaftlichen, institutionellen und ökologischen Bereich zu entwickeln.

Tabelle 4. Rangfolge der 10 Gemeinden mit der höchsten durchschnittlichen Wirtschaftsleistung.

Kommune	BIP Konstante Preise/ Gesamten ergieverbrauch 2010	BIP Konstante Preise/ Gesamten ergieverbrauch 2011	BIP Konstante Preise/ Gesamten ergieverbrauch 2012	BIP Konstante Preise / Gesamten ergieverbrauch 2013	BIP Konstante Preise/ Gesamten ergieverbrauch 2014	BIP Konstante Preise/ Gesamten ergieverbrauch 2015
Feld Groß	16,89	16,47	15,49	15,08	14,47	13,84
Dourados	13,73	14,12	14,09	13,20	13,90	13,45
Drei Lagunen	20,52	18,54	16,98	14,62	20,08	22,58
Iguatemi	18,46	19,72	16,82	17,13	15,35	14,65
Paranaíba	13,82	13,10	12,54	13,03	12,70	13,58
Corumbá	16,32	15,34	16,25	16,23	13,51	11,43
Aquidauana	12,93	11,39	10,34	10,91	10,45	10,66
Neu Andradina	16,21	18,18	17,48	16,11	16,24	15,02
Bodoquen	2,79	2,60	2,37	2,42	2,32	2,30

32

a						
Sie sind Gabriel tun West	18,10	17,27	20,21	18,64	17,53	17,55

Was die wirtschaftlichen Leistungen in der Rangliste betrifft, so zeigt Tabelle 4 die Ergebnisse nach der Formel BIP in konstanten Preisen geteilt durch den Gesamtenergieverbrauch in (MHW).

Aus der Analyse von Tabelle 4 geht hervor, dass Bodoquena die niedrigste Leistung in Bezug auf das Verhalten seiner wirtschaftlichen Maßnahmen aufweist. Die Größenordnung zeigt Werte im Jahr 2010 von 2,79, die in den folgenden Jahren von 2011 bis 2015 zu einem geometrischen Mittel von 2,42 führten. Die Rangliste zeigt uns jedoch, dass die Stadt Três Lagoas eine starke sparsame Leistung in ihren finanziellen Aktivitäten zeigt, aber in Bezug auf die Pro-Kopf-Dimension (R$) hat sie eine Leistung, die als engstirnig angesehen wird und zwischen 20,52 und 22,58 schwankt.

Daher werden bei der Analyse des synthetischen Umweltindikators die Einzelergebnisse für die Gemeinden festgehalten, wobei jedoch die fraktionellen Auswirkungen der Indikatoren, die die Anteile bilden, analysiert werden müssen, um entsprechende Methoden im sozialen, wirtschaftlichen, institutionellen und ökologischen Bereich zu entwickeln.

Schlussfolgerung

Die Bemühungen um eine nachhaltige Entwicklung im Bundesstaat Mato Grosso do Sul zielten darauf ab, eine Richtlinie der Bundesregierung der Föderativen Republik Brasilien zu erfüllen, und begannen mit der Offenlegung ihrer Informationen. Infolgedessen begann die Buchhaltung, ihre sozialen und ökologischen Finanzdaten aufeinander abzustimmen. Dadurch kann die südliche Region von Mato Grosso do Sul ihre wirtschaftliche Leistung auf rationale und nachhaltige Weise erbringen.

Um diese Entwicklung zu überwachen und zu prüfen, ob sie nachhaltig ist, schlägt der Staat ein System von Umweltindikatoren vor, die, wenn sie integriert werden, ein äußerst wichtiges Instrument zur Überwachung der Politik des sparsamen Fortschritts darstellen.

Man kann also sagen, dass, wenn es um die Wettbewerbsfähigkeit im Bundesstaat Mato Grosso do Sul geht, Três Lagoas allein die Gemeinde mit der höchsten durchschnittlichen Leistung ist, die 2010 Werte von 20,52 aufwies und 2015 einen Anstieg auf 22,52 verzeichnete, gefolgt von der Gruppe, die aus São Gabriel do Oeste, Nova Andradina besteht, Iguatemi und Campo Grande, die in Bezug auf die Wettbewerbsfähigkeit hervorstechen, da sie alle mit einer Finanzleistung zwischen 13 und 16 die wettbewerbsfähigsten sind und sich von den anderen 79 Gemeinden des Bundesstaates abheben, die eine Wirtschaftsleistung zwischen 2 und 11 aufweisen, was eine geringe Wettbewerbsfähigkeit im Vergleich zu den ersten fünf Gemeinden bedeutet.

Abschließend wird davon ausgegangen, dass mit diesem Artikel ein zuverlässiger und gültiger Indikator geschaffen wurde, der dazu dient, Trends zu signalisieren und die Realität der Wettbewerbsfähigkeit im Bundesstaat Mato Grosso do Sul aufzuzeigen.

Es ist jedoch zu hoffen, dass es zum wirtschaftlichen, sozialen und ökologischen Fortschritt von Mato Grosso do Sul beitragen und als wesentliches Instrument für dessen Verbesserung dienen kann, das bei der Überwachung der regionalen nachhaltigen Entwicklung von großem Wert ist.

Bibliographische Referenzen

CAMINO, R.; MULLER, S. Nachhaltigkeit der Landwirtschaft und der natürlichen Ressourcen: Grundlagen für die Erstellung von Indikatoren. San José: Interamerikanisches Institut für Zusammenarbeit in der Landwirtschaft/Projekt **IICA/GTZ**, 1993. 133p.

CMMAD - **Weltkommission für Umwelt und Entwicklung. Unsere gemeinsame Zukunft.** 2. Auflage. Übersetzung von Unsere gemeinsame Zukunft. 1. Auflage 1988. Rio de Janeiro: Editora da Fundação Getúlio Vargas, 1991. S. 27 - 99.

CARDOSO JÚNIOR, W. F. Inteligência empresarial estratégica: **Métodos de implantação de Inteligência Competitiva em organizações**. Tubarão: Editora Unisul, 2005. 176p.

CLAUDE, M. **Cuentas Pendientes: Stand und Entwicklung von Umweltkonten in Lateinamerika. Quito**: Fundación Futuro Latinoamericano, 1997. S. 8 - 16.

CORDANI, U. G.; MARCOVITCH, J.; SALATI, E. Evaluation of Brazilian actions after Rio-92. **Estud. Avançados**, São Paulo. v. 11, n. 29, S. 399-408, 1997.

IBASE - **Brazilian Institute of Social and Economic Analyses.** Verfügbar unter: < http://ibase.br/pt/> Zugriff am: 16 Sep. 2018.

IBGE. **Brasilianisches Institut für Geographie und Statistik. Indikatoren für nachhaltige Entwicklung:** Brasilien 2016. Rio de Janeiro: IBGE, 2016.

JANNUZZI, P. M. Indikatoren für Diagnose, Überwachung und Bewertung von Sozialprogrammen in Brasilien. **Rev. Serviço Público**, Brasilia, v. 56, n. 2, p. 137 160, 2005.

MARTINS, M. F.; CÂNDIDO, G. A. **Sustainable Development Index for Municipalities (IDSM):** Methodik zur Analyse und Berechnung des IDSM und Klassifizierung der Nachhaltigkeitsstufen - eine Anwendung auf den Bundesstaat Paraíba. João Pessoa: Sebrae, 2008. S. 1- 17

PEARCE, D. W.; WARFORD, J. J. **World without end: economics, environment, and sustainable development**. Washington: Weltbank, 1993 S. 2 - 83

PEARCE, D. W. ATKINSON, G. Capital theory and the mesurement of sustainable development: in:

Indicator of weak sustentability. Ökologische Ökonomie, 8 (2): 85-103. Die Messung der nachhaltigen Entwicklung, in: BROMLEY, D.W. (Hrsg.).1995. **Handbuch der Umweltökonomie.** Oxford: Blackwell.

PFITSCHER, E. D. **Rechnungswesen und soziale Verantwortung.** Florianópolis: Fakultät für Rechnungswesen/ UFSC, 2009. P. 41 168

RAMOS, E. C. Der Prozess der Konstitution von Naturkonzepten: ein Beitrag zur Debatte in der Umwelterziehung. **Zeitschrift Umwelt und Bildung,** Rio Grande, v. 15, S. 67-91, 2010.

ROLDÁN, A. B.; SALDÍVAR-VALDÉS, A. Proposal and application of a Sustainable Development Index. **Ökologische Indikatoren,** Mexiko-Stadt, v.2, n. 3, S. 251-256, 2002.

ROMERO, M. A. B. A Sustainable Urbanism for the rehabilitation of degraded areas. **Forschungsproduktivitätsbericht 2001-2004,** CNPq - UnB/ METRÔ DF, 2004. S. 47 -62.

SHIELDS, D.; SOLAR, S. MARTIN, W. The role of values and objectives in communicating indicators of sustainability. **Ecological Indicator,** Rio de Janeiro. v. 2, n. 1-2, S. 149-160, 2002.

TINOCO, J. E. P. KRAEMER, M. E. P. **Rechnungswesen und Umweltmanagement.** São Paulo: Atlas, 2006. S. 1078 - 1096.

WAQUIL, P. SCHNEIDER, S. FILIPPI, E. RUCKERT, A. RADOMSKY, G. CONTERATO, M. SPECHT, S. Evaluation of territorial development in four rural territories in Brazil. **Redes,** Porto Alegre. v. 15, n. 1, p. 104-127, 2010.

KAPITEL 7

Allgemeine Schlussfolgerung

Mato Grosso do Sul ist mit ernsten Umweltproblemen konfrontiert. Die Stärke der nachhaltigen Entwicklung spiegelt sich auch in der Art und Weise wider, wie die Organisationen ihre Informationen offenlegen. Infolgedessen begann die Rechnungslegung, neben den finanziellen Informationen auch soziale und ökologische Daten zu integrieren.

Diese Untersuchung ermöglichte es uns jedoch, das Niveau der nachhaltigen Entwicklung von 79 Gemeinden im Bundesstaat Mato Grosso do Sul zu bestimmen und sie nach ihren Indikatoren zu klassifizieren. Gleichzeitig war es uns möglich, die besten Gemeinden mit der besten Wirtschaftsleistung in Bezug auf die nachhaltige Entwicklung zu ermitteln.

Wir stellen jedoch in knapper Form die wichtigsten Methoden zur Messung von Indizes für die nachhaltige Entwicklung und die Geschichte der Einbeziehung der Umweltvariablen in die Erfassung des sozialen und wirtschaftlichen Wachstums und der Entwicklung vor.

Eines der Ziele war die Hilfe der Buchhaltung im Umweltmanagementsystem, wir konnten die Indikatoren im Sinne der nachhaltigen Entwicklung zuerst durch den historischen Aspekt der Nachhaltigkeit, dann in den Indizes und Indikatoren bestimmen und damit bildeten wir die Konstruktion dieser Indikatoren mit geometrischem Mittel.

Aus der Anwendung dieser Technik geht hervor, dass nur die Gemeinden Três Lagoas, São Gabriel do Oeste und Nova Andradina Ergebnisse vorweisen, die im Sinne der nachhaltigen Entwicklung als voll zufriedenstellend gelten. Auf der anderen Seite der Tabelle sind die Gemeinden Bodoquena (2,30) und Aquidauana (10,66) die Gemeinden mit dem niedrigsten Grad an nachhaltigem Fortschritt.

Für die Rechnungslegung ergibt sich eine neue Herausforderung: die Umwelt als eine zu messende und zu kontrollierende Einheit. Mit Hilfe von wirtschaftlichen und ökologischen Informationen, die monetarisiert werden, wird es möglich sein, eine Abschwächung der durch menschliche Aktivitäten verursachten Umweltauswirkungen zu bestimmen.

Daher sind wir der Meinung, dass diese Ergebnisse als Grundlage für die Verbesserung der öffentlichen Politik in den Gemeinden des Bundesstaates Mato Grosso do Sul dienen können, mit dem Ziel, das Wachstum der nachhaltigen Entwicklung dieser Gemeinden und damit auch des Bundesstaates zu fördern.

Printed by Books on Demand GmbH, Norderstedt / Germany